Impressum
Verlag: BABADADA GmbH, Nedderfeld 112 , 22529 Hamburg
Geschäftsführer / Verlagsleitung: Harald Hof
Druck: Books on Demand GmbH, In de Tarpen 42, 22848 Norderstedt

Imprint
Publisher: BABADADA GmbH, Nedderfeld 112 , 22529 Hamburg, Germany
Managing Director / Publishing direction: Harald Hof
Print: Books on Demand GmbH, In de Tarpen 42, 22848 Norderstedt, Germany

escuela
skola

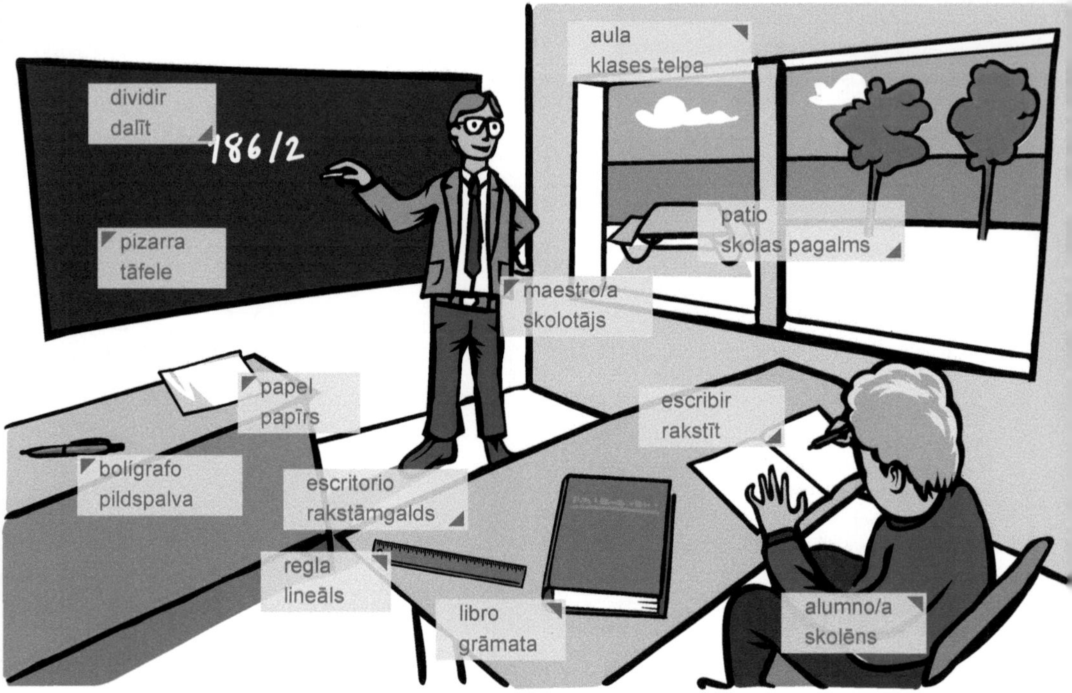

aula
klases telpa
dividir
dalīt
186/2
pizarra
tāfele
patio
skolas pagalms
maestro/a
skolotājs
papel
papīrs
escribir
rakstīt
bolígrafo
pildspalva
escritorio
rakstāmgalds
regla
lineāls
libro
grāmata
alumno/a
skolēns

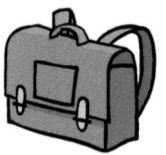

cartera
skolas soma

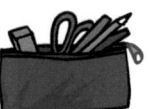

caja de lápices
penālis

lápiz
zīmulis

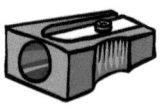

sacapuntas
zīmuļu asināmais

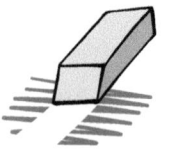

goma de borrar
dzēšgumija

cuaderno de dibujo
zīmēšanas bloks

dibujo

zīmējums

pincel

ota

caja de pinturas

krāsas

tijeras

šķēres

pegamento

līme

cuaderno de ejercicios

darba burtnīca

deberes

mājas darbs

12

número

skaitlis

2+2

sumar

saskaitīt

5-2

restar

atņemt

2×2

multiplicar

reizināt

calcular

rēķināt

A

letra

burts

ABCDEFG
HIJKLMN
OPQRSTU
VWXYZ

alfabeto

alfabēts

hello

palabra

vārds

texto
teksts

leer
lasīt

tiza
krīts

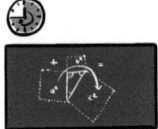

lección
mācību stunda

cuaderno de notas
žurnāls

examen
eksāmens

certificado
liecība

uniforme escolar
skolas forma

educación
izglītība

enciclopedia
enciklopēdija

universidad
universitāte

microscopio
mikroskops

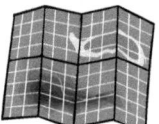

mapa
karte

papelera
papīrgrozs

viaje

ceļojums

hotel
viesnīca
Grand
albergue
hostelis
ROOMS
oficina de cambio de divisas
valūtas maiņas punkts
EXCHANGE
maleta
čemodāns
coche
automašīna

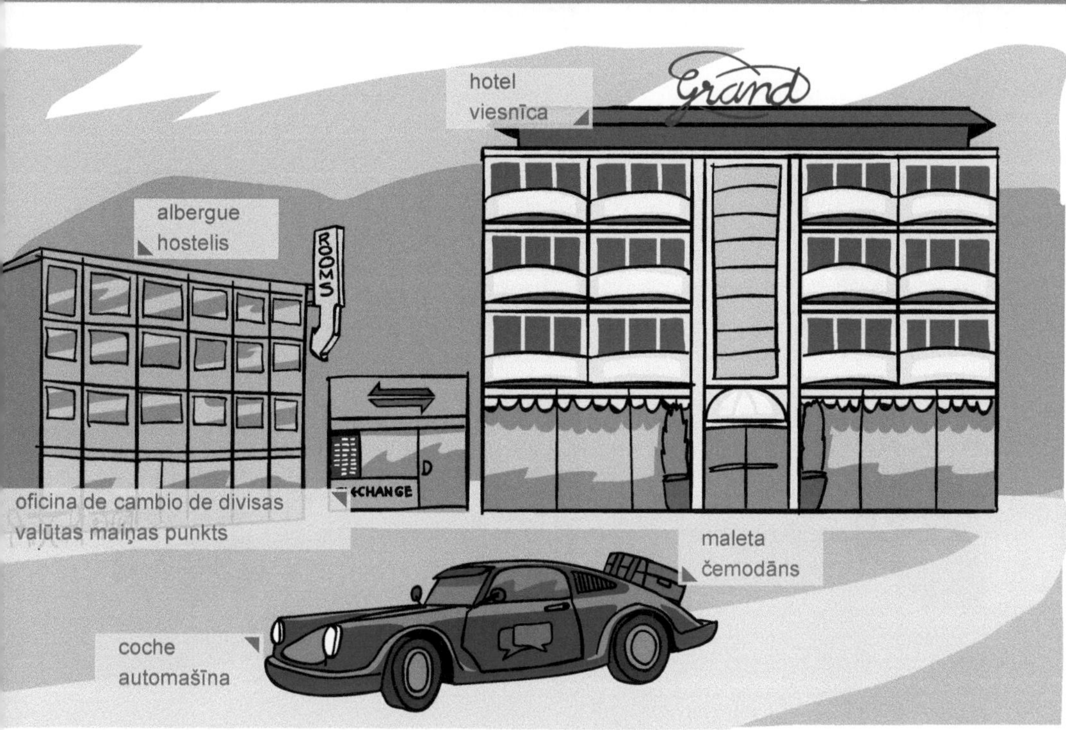

idioma

Valoda

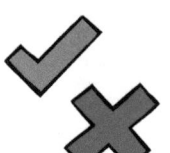

sí / no

jā / nē

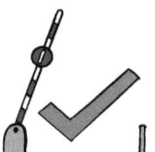

Vale

Okay

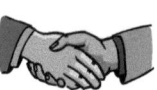

hola

Sveiki!

traductor

tulks

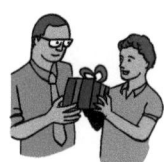

Gracias

paldies

¿cuánto es...?

Cik maksā...?

No entiendo

Es nesaprotu

problema

problēma

¡Buenas tardes!

Labvakar!

¡Buenos días!

Labrīt!

¡Buenas noches!

Ar labu nakti!

adiós

Uz redzēšanos

dirección

virziens

equipaje

bagāža

bolsa

soma

mochila

mugursoma

invitado

viesis

habitación

istaba

saco de dormir

guļammaiss

tienda de campaña

telts

información turística	playa	tarjeta de crédito
tūrisma informācija	pludmale	kredītkarte

desayuno	almuerzo	cena
brokastis	pusdienas	vakariņas

billete	ascensor	sello
biļete	lifts	pastmarka

frontera	aduana	embajada
robeža	muita	vēstniecība

visa	pasaporte	
vīza	pase	

transporte
transports

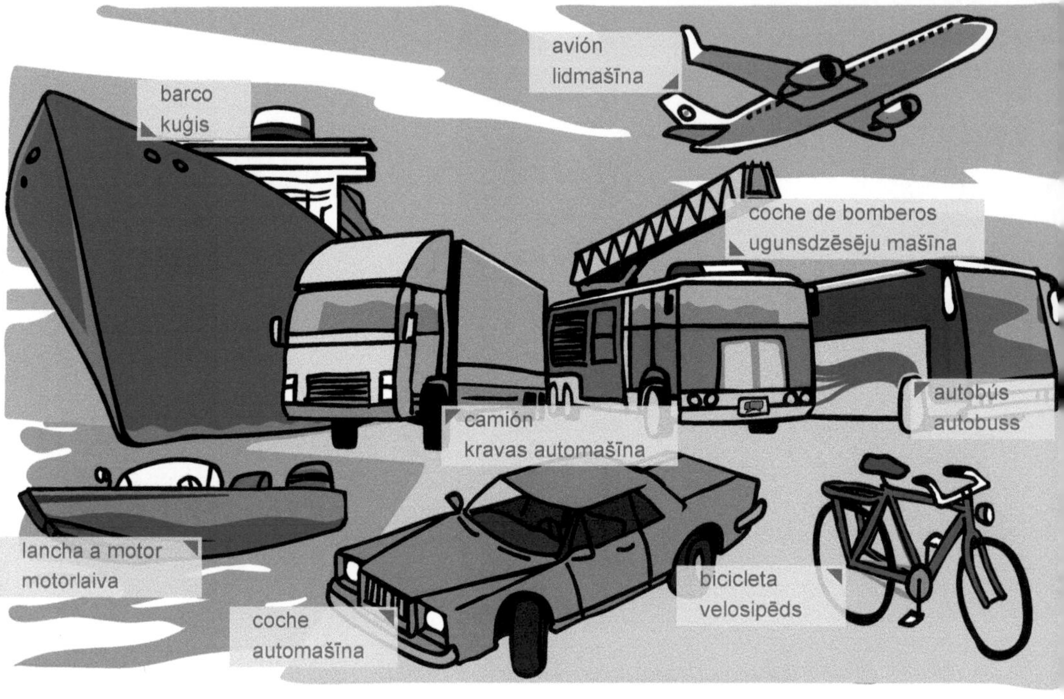
avión
lidmašīna
barco
kuģis
coche de bomberos
ugunsdzēsēju mašīna
autobús
autobuss
camión
kravas automašīna
lancha a motor
motorlaiva
bicicleta
velosipēds
coche
automašīna

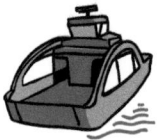

transbordador

prāmis

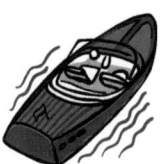

barca

laiva

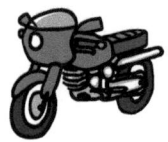

moto

motocikls

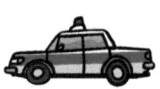

coche de policía

policijas automašīna

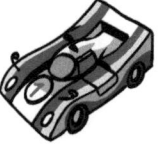

coche de carreras

sacīkšu automobilis

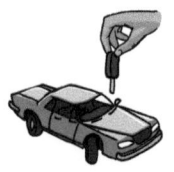

coche de alquiler

nomas auto

préstamo de vehículos

auto koplietošana

grúa

evakuators

camión de la basura

atkritumu mašīna

motor

dzinējs

gasolina

benzīns

gasolinera

degvielas uzpildes stacija

señal de tráfico

ceļa zīme

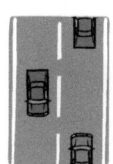

tráfico

satiksme

atasco

sastrēgums

aparcamiento

stāvvieta

estación de tren

dzelzceļa stacija

vías

sliedes

tren

vilciens

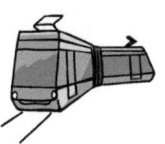

tranvía

tramvajs

vagón

vagons

helicóptero

helikopters

aeropuerto

lidosta

torre

tornis

pasajero

pasažieris

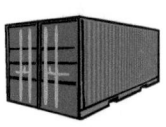

contenedor

konteiners

caja de cartón

kaste

carretilla

ratiņi

cesta

grozs

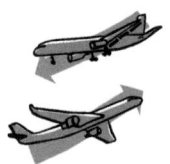

despegar / aterrizar

pacelties / nosēsties

ciudad

pilsēta

pueblo

ciems

centro de ciudad

pilsētas centrs

casa

māja

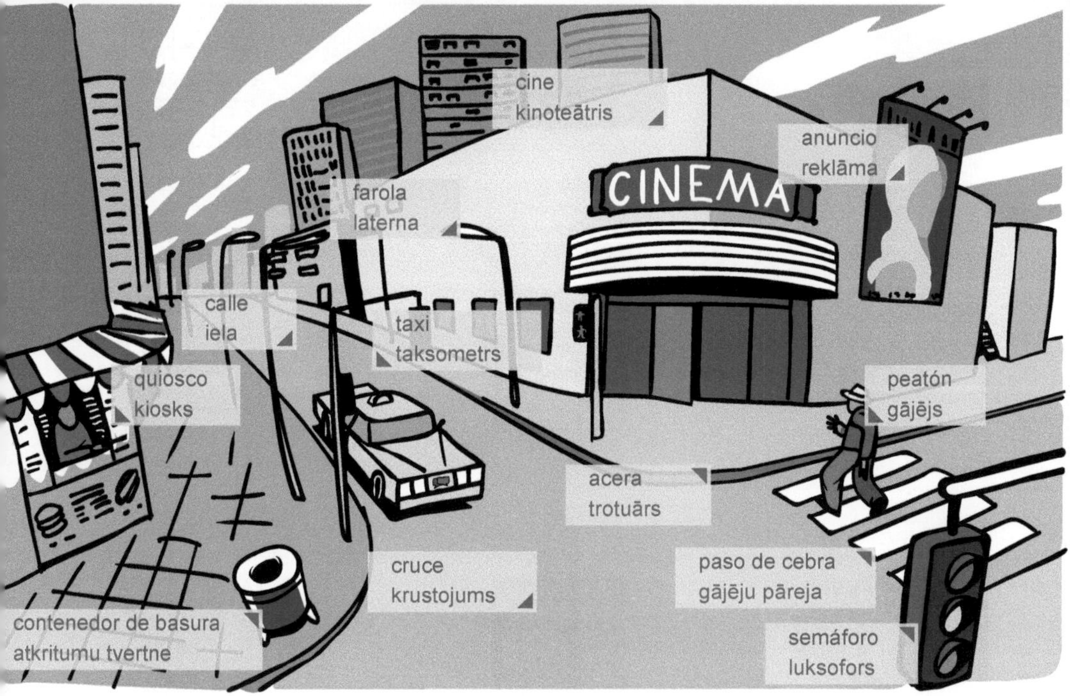
cine
kinoteātris
anuncio
reklāma
CINEMA
farola
laterna
calle
iela
taxi
taksometrs
quiosco
kiosks
peatón
gājējs
acera
trotuārs
cruce
krustojums
paso de cebra
gājēju pāreja
contenedor de basura
atkritumu tvertne
semáforo
luksofors

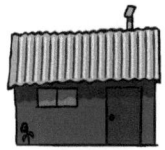

cabaña

būda

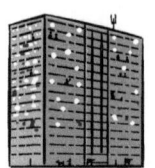

apartamento

dzīvoklis

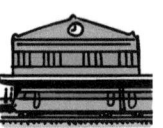

estación de tren

dzelzceļa stacija

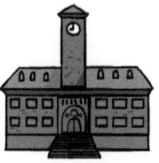

ayuntamiento

rātsnams

MUSEUM
museo

muzejs

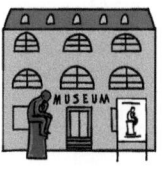

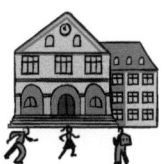

escuela

skola

universidad

universitāte

banco

banka

hospital

slimnīca

hotel

viesnīca

farmacia

aptieka

oficina

birojs

librería

grāmatnīca

tienda

veikals

floristería

ziedu veikals

supermercado

lielveikals

mercado

tirgus

grandes almacenes

tirdzniecības centrs

pescadería

zivju tirgotājs

centro comercial

tirdzniecības centrs

puerto

osta

parque

parks

banco

sols

puente

tilts

escaleras

kāpnes

metro

metro

túnel

tunelis

parada de autobús

autobusa pieturvieta

bar

bārs

restaurante

restorāns

buzón

pastkastīte

poste indicador

ielas nosaukuma plāksne

parquímetro

stāvlaika skaitītājs

zoo

zooloģiskais dārzs

piscina

peldbaseins

mezquita

mošeja

granja

zemnieku saimniecība

contaminación

vides piesārņojums

cementerio

kapsēta

iglesia

baznīca

patio de juego

spēļu laukums

templo

templis

paisaje
ainava

hoja
lapa

señal
ceļrādis

camino
ceļš

prado
pļava

piedra
akmens

árbol
koks

excursionista
ceļotājs

río
upe

hierba
zāle

flor
puķe

valle
ieleja

colina
kalns

lago
ezers

bosque
mežs

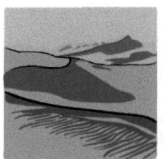

desierto
tuksnesis

volcán
vulkāns

castillo
pils

arcoíris
varavīksne

champiñón
sēne

palmera
palma

mosquito
moskīts

mosca
muša

hormiga
skudra

abeja
bite

araña
zirneklis

escarabajo
vabole

rana
varde

ardilla
vāvere

erizo
ezis

liebre
zaķis

lechuza
pūce

pájaro
putns

cisne
gulbis

jabalí
meža cūka

ciervo
briedis

alce
alnis

presa
aizsprosts

turbina eólica
vēja ģenerators

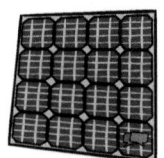

panel solar
saules baterija

clima
klimats

restaurante
restorāns

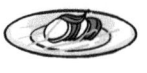

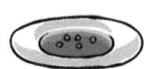

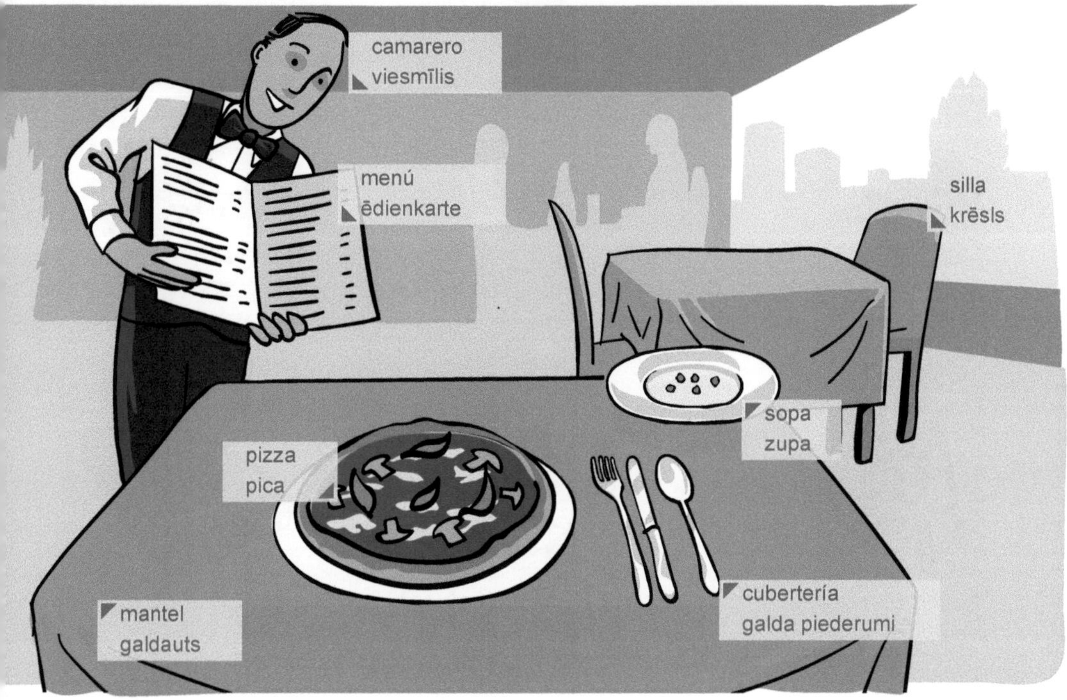
camarero
viesmīlis
menú
ēdienkarte
silla
krēsls
sopa
zupa
pizza
pica
mantel
galdauts
cubertería
galda piederumi

primer plato

uzkoda

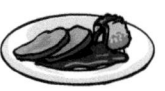

plato principal

pamatēdiens

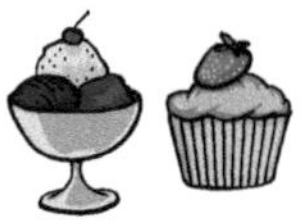

postre

deserts

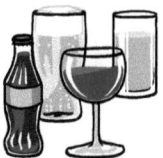

bebidas

dzērieni

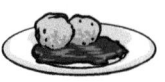

comida

ēdiens

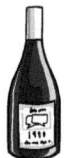

botella

pudele

comida rápida

ātrās uzkodas

comida callejera

ielu uzkodas

tetera

tējkanna

azucarero

cukurtrauks

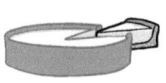

porción

porcija

cafetera expreso

espresso kafijas automāts

trona

bāra krēsls

cuenta

rēķins

bandeja

paplāte

cuchillo

nazis

tenedor

dakša

cuchara

karote

cucharilla

tējkarote

servilleta

salvete

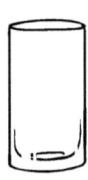

vaso

glāze

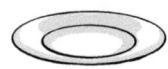

plato

šķīvis

plato hondo

zupas šķīvis

platillo

apakštase

salsa

mērce

salero

sāls trauciņš

molinillo de pimienta

piparu dzirnaviņas

vinagre

etiķis

aceite

eļļa

especias

garšvielas

ketchup

kečups

mostaza

sinepes

mayonesa

majonēze

supermercado

lielveikals

oferta especial
piedāvājums
FOR
cliente
klients
lácteos
piena produkti
fruta
augļi
carro de la compra
iepirkumu ratiņi

BUTCHERS

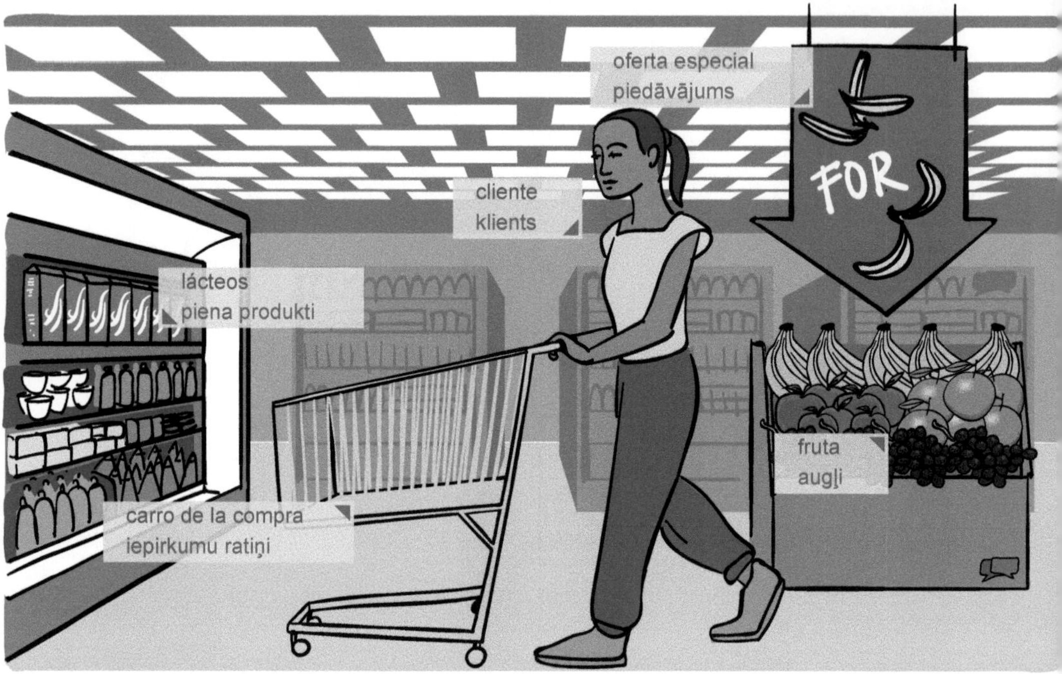

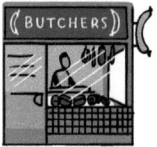

carnicería

kautuve

BAKERY

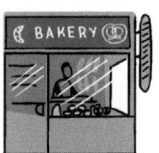

panadería

maizes veikals

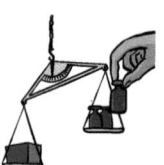

pesar

svērt

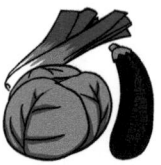

verduras

dārzeņi

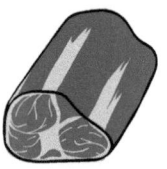

carne

gaļa

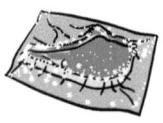

alimentos congelados

saldēti produkti

fiambres

aukstās gaļas uzkodas

conservas

konservi

detergente en polvo

pulveris

dulces

saldumi

productos de uso doméstico

mājsaimniecības preces

productos de limpieza

tīrīšanas līdzeklis

vendedora

pārdevēja

caja

kase

cajero

kasieris

lista de la compra

iepirkumu saraksts

horario de atención al
público

darba laiks

cartera

maks

tarjeta de crédito

kredītkarte

bolsa

soma

bolsa de plástico

maisiņš

agua

ūdens

zumo

sula

leche

piens

cola

kola

vino

vīns

cerveza

alus

alcohol

alkohols

cacao

kakao

té

tēja

café

kafija

expreso

espresso

capuchino

kapučīno

plátano

banāns

manzana

ābols

naranja

apelsīns

melón

melone

limón

citrons

zanahoria

burkāns

ajo

ķiploks

bambú

bambuss

cebolla

sīpols

champiñón

sēne

avellanas

rieksti

fideos

makaroni

espagueti

spageti

arroz

rīsi

ensalada

salāti

patatas fritas

frī kartupeļi

patatas fritas

cepti kartupeļi

pizza

pica

hamburguesa

hamburgers

sándwich

sviestmaize

filete

šnicele

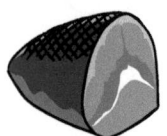

jamón

šķiņķis

salami

salami

salchicha

desa

pollo

vista

asado

cepetis

pescado

zivs

copos de avena

auzu pārslas

muesli

muslis

copos de maíz

brokastu pārslas

harina

milti

cruasán

radziņš

panecillo

brokastu maizītes

pan

maize

tostada

tostermaize

galletas

cepumi

mantequilla

sviests

cuajada

biezpiens

pastel

kūka

huevo

ola

huevo frito

cepta ola

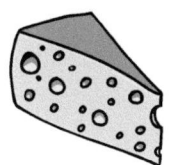

queso

siers

helado
saldējums

azúcar
cukurs

miel
medus

mermelada
marmelāde

crema de turrón
riekstu krēms

curry
karijs

granja

zemnieku saimniecība

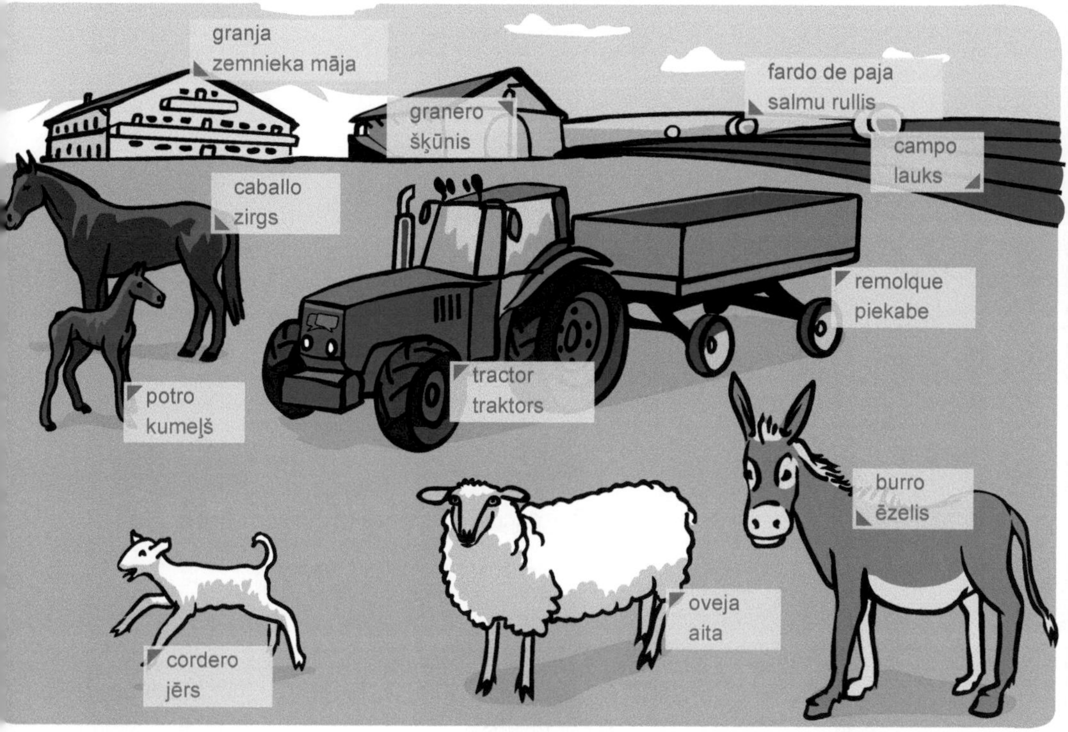

granja
zemnieka māja
granero
šķūnis
fardo de paja
salmu rullis
campo
lauks
caballo
zirgs
remolque
piekabe
tractor
traktors
potro
kumeļš
burro
ēzelis
oveja
aita
cordero
jērs

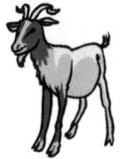

cabra
kaza

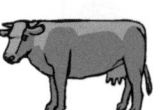

vaca
govs

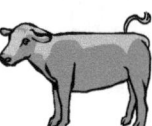

ternero
teļš

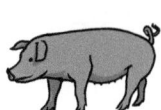

cerdo
cūka

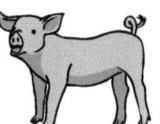

cerdito
sivēns

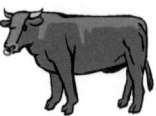

toro
bullis

ganso

zoss

pato

pīle

pollo

cālis

gallina

vista

gallo

gailis

rata

žurka

gato

kaķis

ratón

pele

buey

vērsis

perro

suns

perrera

suņa būda

manguera

dārza šļūtene

regadera

lejkanna

guadaña

izkapts

arado

arkls

hoz

sirpis

azada

kaplis

horca

mēslu dakša

hacha

cirvis

carretilla

ķerra

abrevadero

sile

lechera

piena kanna

saco

maiss

valla

žogs

establo

kūts

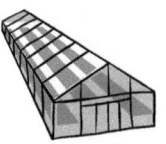

invernadero

siltumnīca

suelo

augsne

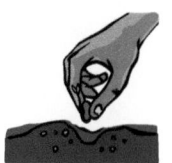

semilla

sēklas

fertilizador

mēslojums

cosechadora

kombains

cosechar

novākt ražu

cosecha

raža

ñame

jamss

trigo

kvieši

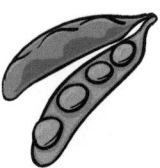

soja

soja

patata

kartupelis

maíz

kukurūza

semilla de colza

rapsis

árbol frutal

augļu koks

mandioca

manioka

cereales

labība

casa
māja

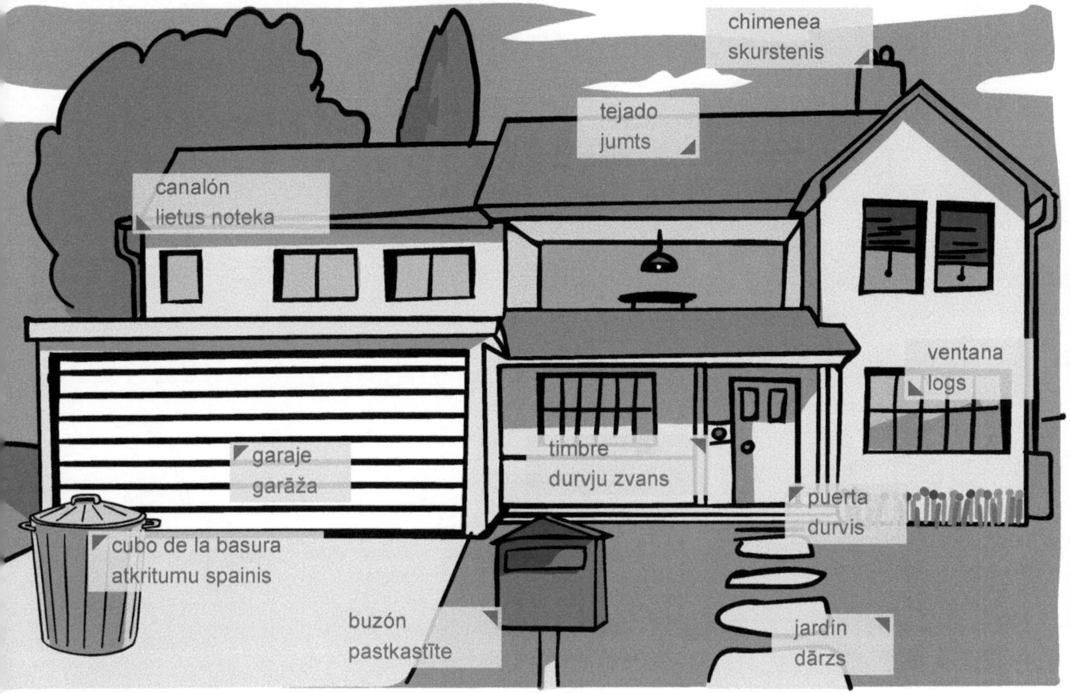

chimenea
skurstenis
tejado
jumts
canalón
lietus noteka
ventana
logs
garaje
garāža
timbre
durvju zvans
puerta
durvis
cubo de la basura
atkritumu spainis
buzón
pastkastīte
jardín
dārzs

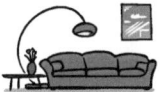

sala
viesistaba

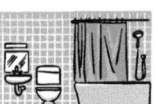

cuarto de baño
vannas istaba

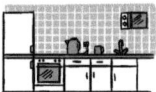

cocina
virtuve

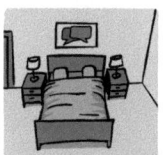

dormitorio
guļamistaba

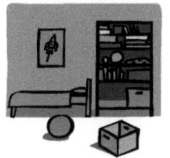

habitación de los niños
bērnu istaba

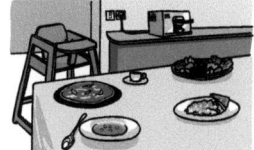

comedor
ēdamistaba

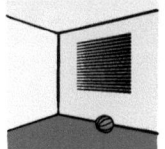

suelo

grīda

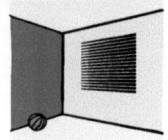

pared

siena

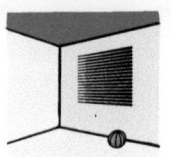

techo

griesti

sótano

pagrabs

sauna

sauna

balcón

balkons

terraza

terase

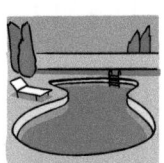

piscina

baseins

cortacésped

zāles pļāvējs

sábana

gultas veļa

colcha

sega

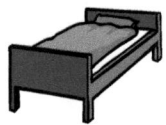

cama

gulta

escoba

slota

balde

spainis

interruptor

slēdzis

sala
viesistaba

papel pintado
tapetes
imagen
attēls
lámpara
lampa
estante
plaukts
armario
skapis
televisión
televizors
chimenea
kamīns
flor
puķe
cojín
spilvens
sofá
dīvāns
jarrón
vāze
mando a distancia
tālvadības pults

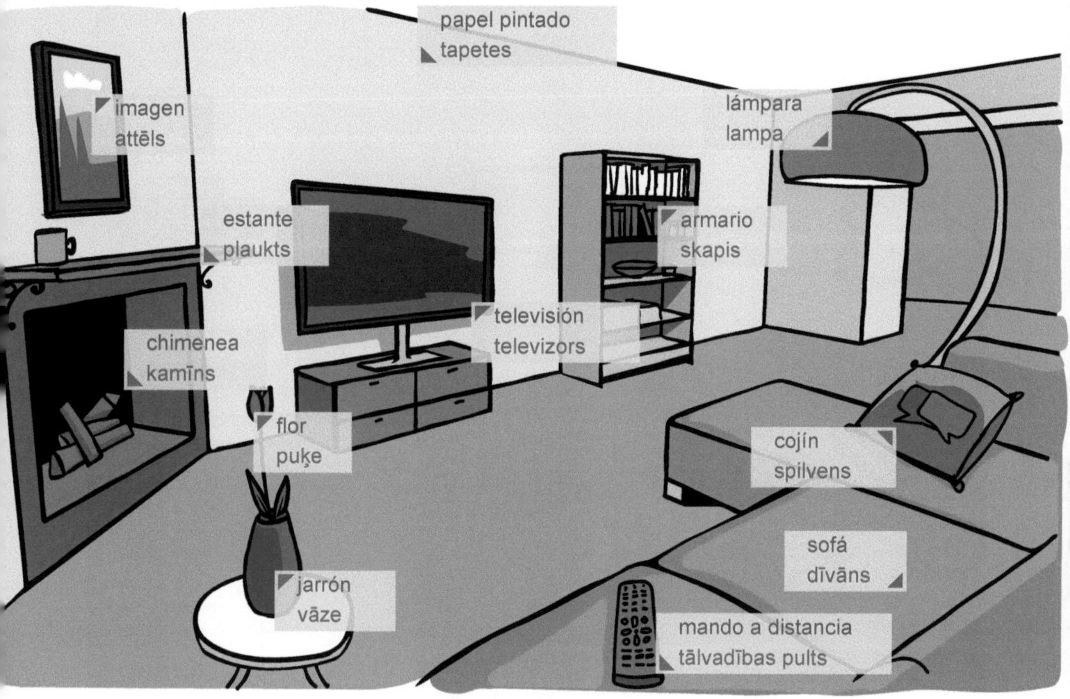

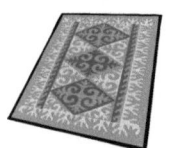

alfombra

paklājs

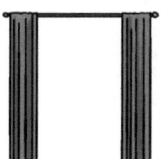

cortina

aizkars

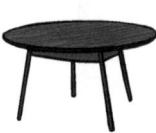

mesa

galds

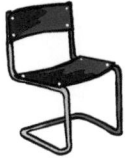

silla

krēsls

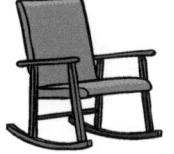

mecedora

šūpuļkrēsls

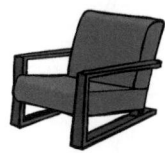

butaca

atpūtas krēsls

libro

grāmata

manta

sega

decoración

dekorācija

leña

malka

película

filma

equipo de música

mūzikas centrs

llave

atslēga

periódico

avīze

pintura

glezna

póster

plakāts

radio

radio

cuaderno

pierakstu blociņš

aspiradora

putekļu sūcējs

cactus

kaktuss

vela

svece

cocina
virtuve

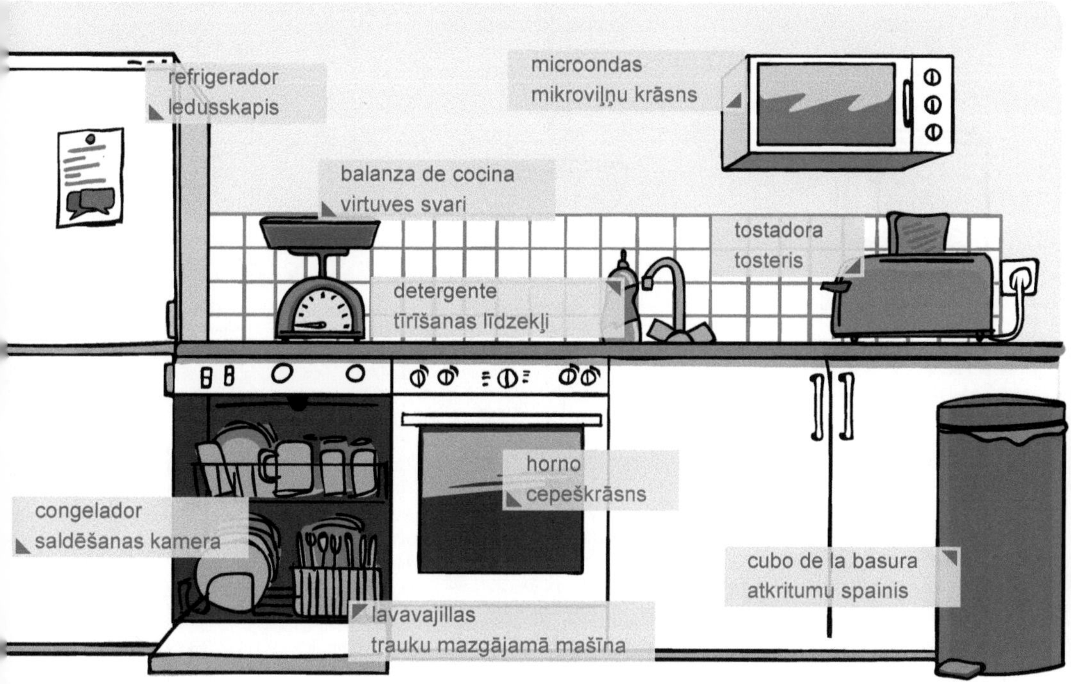

refrigerador
ledusskapis
microondas
mikroviļņu krāsns
balanza de cocina
virtuves svari
tostadora
tosteris
detergente
tīrīšanas līdzekļi
horno
cepeškrāsns
congelador
saldēšanas kamera
cubo de la basura
atkritumu spainis
lavavajillas
trauku mazgājamā mašīna

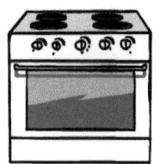

olla a presión

plīts

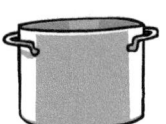

olla

pods

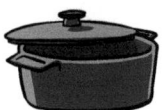

olla de hierro fundido

katls

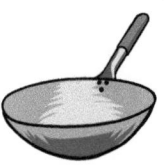

wok / karahi

Wok panna

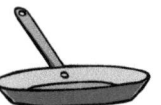

cazuela

panna

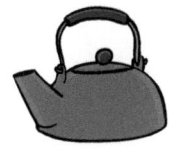

hervidor

elektriskā tējkanna

vaporera

tvaika katls

chapa de horno

cepešpanna

vajilla

trauki

taza

krūze

tazón

bļoda

palillos

irbulīši

cucharón

kauss

espumadera

lāpstiņa

batidor

putošanas slotiņa

colador

sietiņš

cedazo

siets

rallador

rīve

mortero

piesta

barbacoa

grilēt

hoguera

atklāts pavards

cocina - virtuve

tabla de picar

dēlis

rodillo

mīklas rullis

sacacorchos

korķu vilķis

lata

bundža

abrelatas

konservu nazis

agarrador

virtuves cimdi

lavabo

izlietne

cepillo

birste

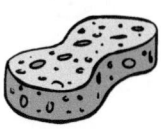

esponja

sūklis

batidora

mikseris

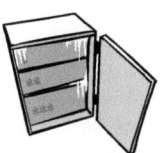

congelador

saldētava

biberón

bērna pudelīte

grifo

ūdenskrāns

cuarto de baño

vannas istaba

ducha
duša
calefacción
apkure
toalla
dvielis
cortina de la ducha
dušas aizkari
baño de espuma
vannas putas
bañera
vanna
vaso
glāze
lavadora
veļas mašīna
grifo
ūdenskrāns
baldosas
flīzes
orinal
podiņš
lavabo
izlietne

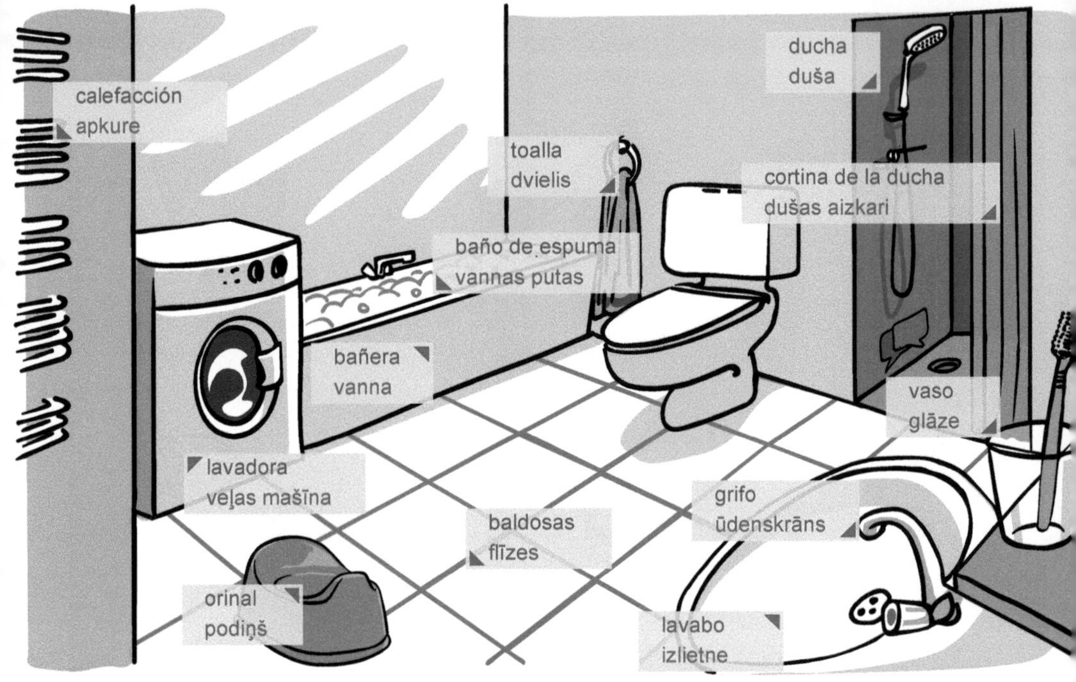

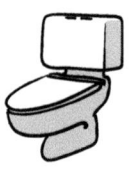

inodoro

tualetes pods

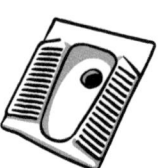

inodoro rústico

Āzijas tipa tualete

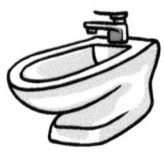

bidé

bidē

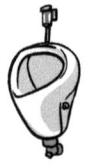

urinario

pisuārs

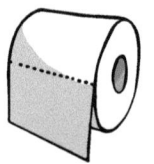

papel higiénico

tualetes papīs

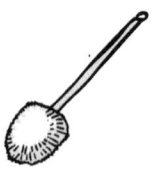

escobilla del váter

tualetes birste

cepillo de dientes
zobu birste

pasta de dientes
zobu pasta

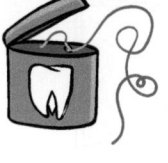

hilo dental
zobu diegs

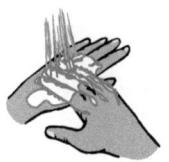

lavar
mazgāt

ducha de mano
rokas duša

ducha íntima
duša

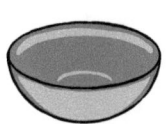

pila
bļoda

cepillo de espalda
muguras mazgāšanas birste

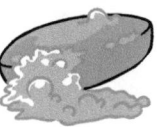

jabón
ziepes

gel de ducha
dušas želeja

champú
šampūns

toallita
mazgāšanas drāna

desagüe
noteka

crema
krēms

desodorante
dezodorants

espejo

spogulis

espejo de tocador

spogulītis

maquinilla de afeitar

skuveklis

espuma de afeitar

skūšanās putas

loción postafeitado

losjons pēc skūšanās

peine

ķemme

cepillo

matu suka

secador

matu fēns

laca

matu laka

maquillaje

grima komplekts

pintalabios

lūpu krāsa

pintauñas

nagulaka

algodón

vate

cortauñas

šķērītes

perfume

smaržas

estuche de viaje

kosmētikas maks

banqueta

ķeblītis

balanza

svari

albornoz

halāts

guantes de goma

tīrīšanas cimdi

tampón

tampons

compresa

pakete

inodoro químico

ķīmiskā tualete

habitación de los niños

bērnu istaba

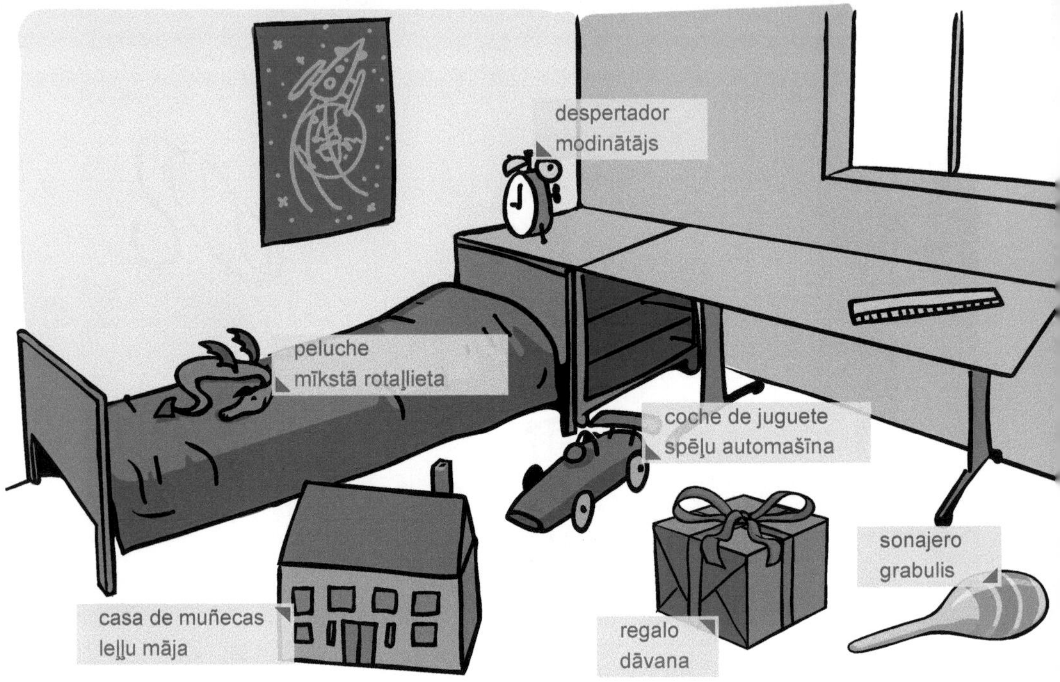

despertador
modinātājs
peluche
mīkstā rotaļlieta
coche de juguete
spēļu automašīna
sonajero
grabulis
casa de muñecas
leļļu māja
regalo
dāvana

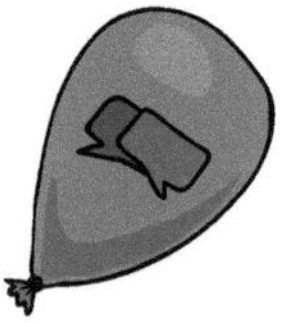

globo

balons

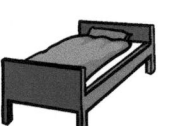

cama

gulta

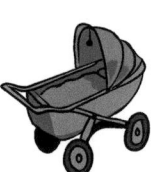

coche de niño

bērnu ratiņi

naipes

kārtis

puzle

puzle

SUPER
MEGA

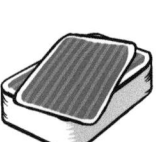

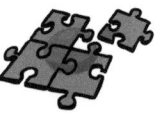

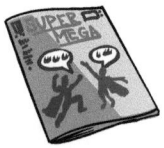

tebeo

komikss

piezas de lego

LEGO klucīši

bloques de juguete

klucīši

figura de acción

varoņu figūra

bodi (de bebé)

rāpulītis

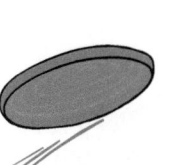

frisbee

lidojošais šķīvītis

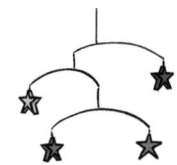

colgador móvil para bebés

muzikālais karuselis

juego de mesa

galda spēle

dados

metamais kauliņš

circuito de tren eléctrico

rotaļu dzelzceļš

maniquí

māneklis

fiesta

ballīte

álbum de fotos

bilžu grāmata

pelota

bumba

muñeca

lelle

jugar

spēlēt

cajón de arena

smilšu kaste

columpio

šūpoles

juguetes

rotaļlietas

videoconsola

spēļu konsole

triciclo

trīsritenis

oso de peluche

plīša lācītis

guardarropa

drēbju skapis

ropa

apģērbs

calcetines

īszeķes

medias

zeķes

leotardos

zeķbikses

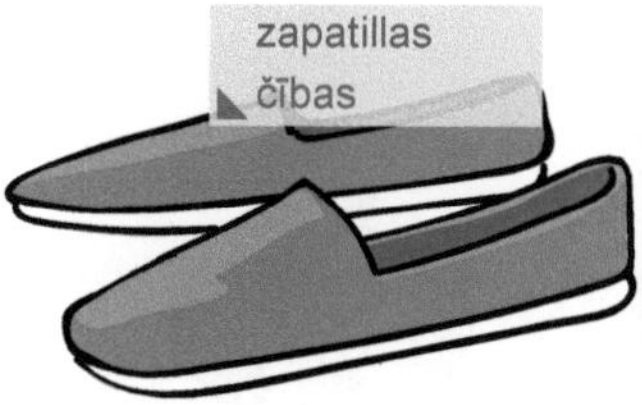

bufanda
šalle

paraguas
lietussargs

cinturón
siksna

camiseta
T-krekls

botas
zābaks

zapatillas
čības

deportivas
botas

sandalias
sandales

zapatos
kurpes

botas de goma
gumijas zābaki

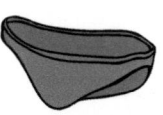

slip
apakšbikses

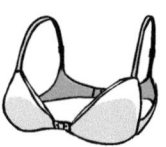

sostén
krūšturis

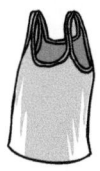

chaleco
apakškrekls

ropa - apģērbs

bodi

bodijs

pantalones

bikses

vaqueros

džinsi

falda

svārki

blusa

blūze

camisa

krekls

jersey

pulovers

suéter

džemperis

blazer

žakete

chaqueta

jaka

abrigo

mētelis

gabardina

lietus mētelis

traje

kostīms

vestido

kleita

vestido de novia

kāzu kleita

traje

uzvalks

camisón

naktskrekls

pijama

pidžama

sari

sari

bandana

lakats

turbante

turbāns

burka

burka

caftán

kaftāns

abaya

abaja

traje de baño

peldkostīms

bañador

peldbikses

pantalones cortos

šorti

chándal

treniņtērps

delantal

priekšauts

guantes

cimdi

botón
poga

gafas
brilles

brazalete
rokassprādze

collar
kaklarota

anillo
gredzens

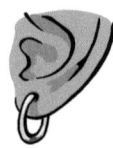

pendiente
auskars

gorra
cepure

percha
drēbju pakaramais

sombrero
platmale

corbata
kaklasaite

cremallera
rāvējslēdzējs

casco
ķivere

tirantes
bikšturi

uniforme escolar
skolas forma

uniforme
uniforma

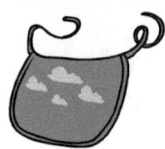

babero

priekšautiņš

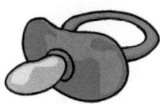

maniquí

māneklis

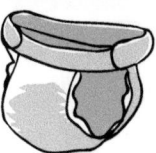

pañal

autiņbiksītes

oficina
birojs

servidor
serveris
archivo
dokumentu skapis
impresora
printeris
papel
papīrs
monitor
monitors
ratón
pele
escritorio
rakstāmgalds
carpeta
dokumentu vāki
teclado
klaviatūra
papelera
papīrgrozs
ordenador
dators
silla
krēsls

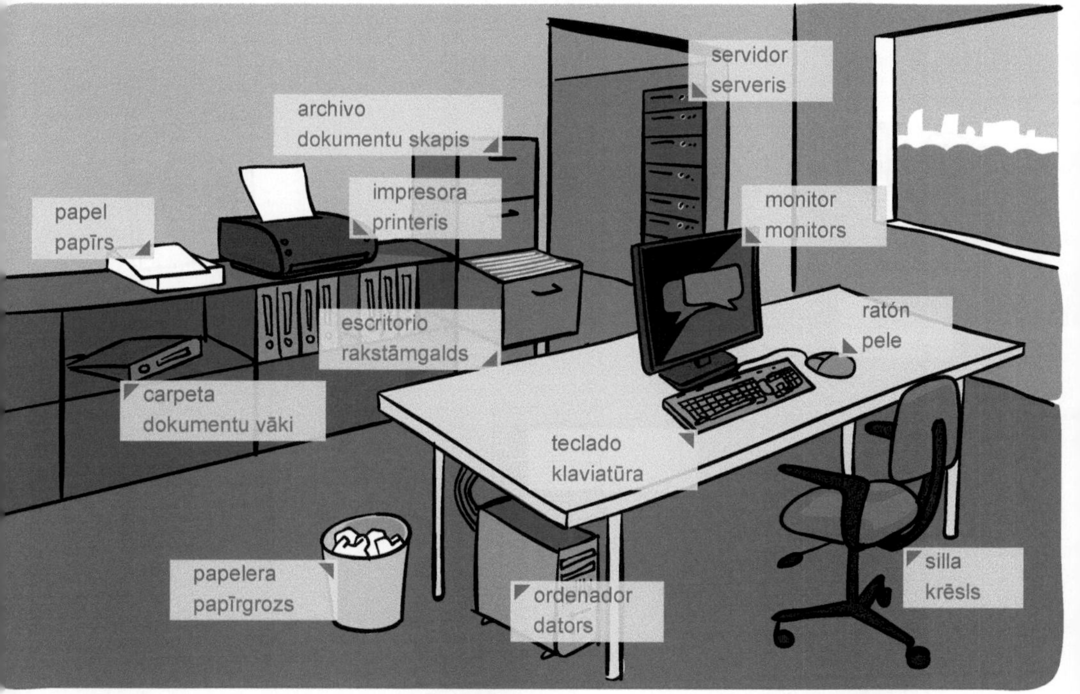

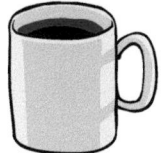

taza de café

kafijas krūze

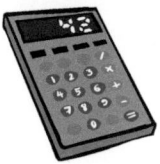

calculadora

kalkulators

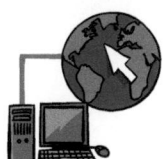

internet

internets

portátil

portatīvais dators

carta

vēstule

mensaje

ziņa

móvil

mobilais tālrunis

red

tīkls

fotocopiadora

kopētājs

software

programmatūra

teléfono

telefons

toma de corriente

rozete

fax

faksa aparāts

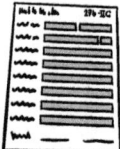

formulario

formulārs

documento

dokuments

comprar

pirkt

pagar

samaksāt

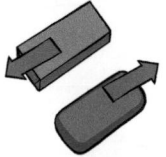

comerciar

tirgot

dinero

nauda

dólar

dolārs

euro

eiro

yen

jēna

rublo

rublis

franco suizo

franks

renminbi yuan

juaņa renminbi

rupia

rūpija

cajero automático

bankomāts

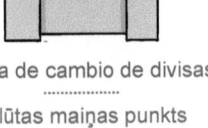

oficina de cambio de divisas

valūtas maiņas punkts

oro

zelts

plata

sudrabs

petróleo

nafta

energía

enerģija

precio

cena

contrato

līgums

impuesto

nodoklis

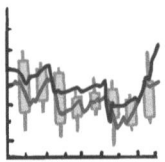

acción

akcija

trabajar

strādāt

empleado

darbinieks

empleador

darba devējs

fábrica

fabrika

tienda

veikals

oficios
profesijas

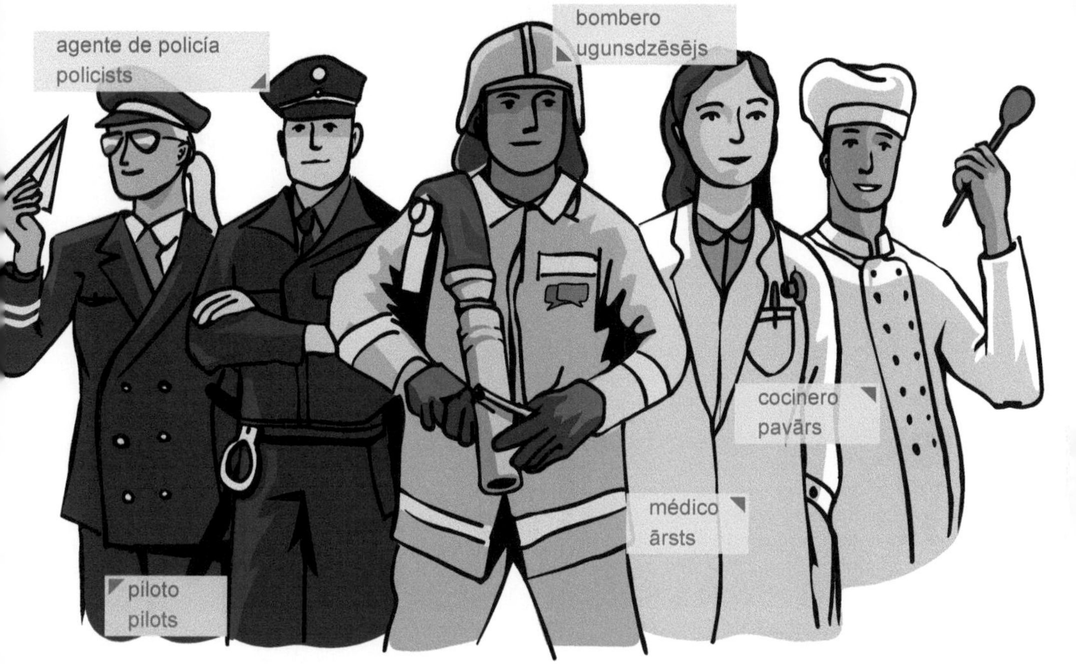
agente de policía
policists
bombero
ugunsdzēsējs
cocinero
pavārs
médico
ārsts
piloto
pilots

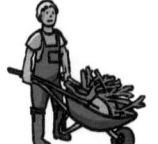

jardinero

dārznieks

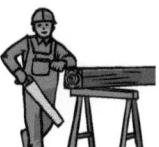

carpintero

galdnieks

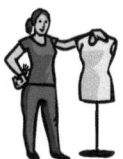

costurera

šuvēja

juez

tiesnesis

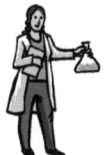

farmacéutico

ķīmiķis

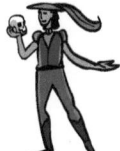

actor

aktieris

conductor de autobús

autobusa vadītājs

taxista

taksometra vadītājs

pescador

zvejnieks

señora de la limpieza

apkopēja

techador

jumiķis

camarero

viesmīlis

cazador

mednieks

pintor

gleznotājs

panadero

maiznieks

electricista

elektriķis

obrero

celtnieks

ingeniero

inženieris

carnicero

miesnieks

fontanero

skārdnieks

cartero

pastnieks

soldado

karavīrs

arquitecto

arhitekts

cajero

kasieris

florista

florists

peluquero

frizieris

revisor

konduktors

mecánico

mehāniķis

capitán

kapteinis

dentista

zobārsts

científico

zinātnieks

rabino

rabīns

imán

imāms

monje

mūks

sacerdote

mācītājs

oficios - profesijas

herramientas
instrumenti

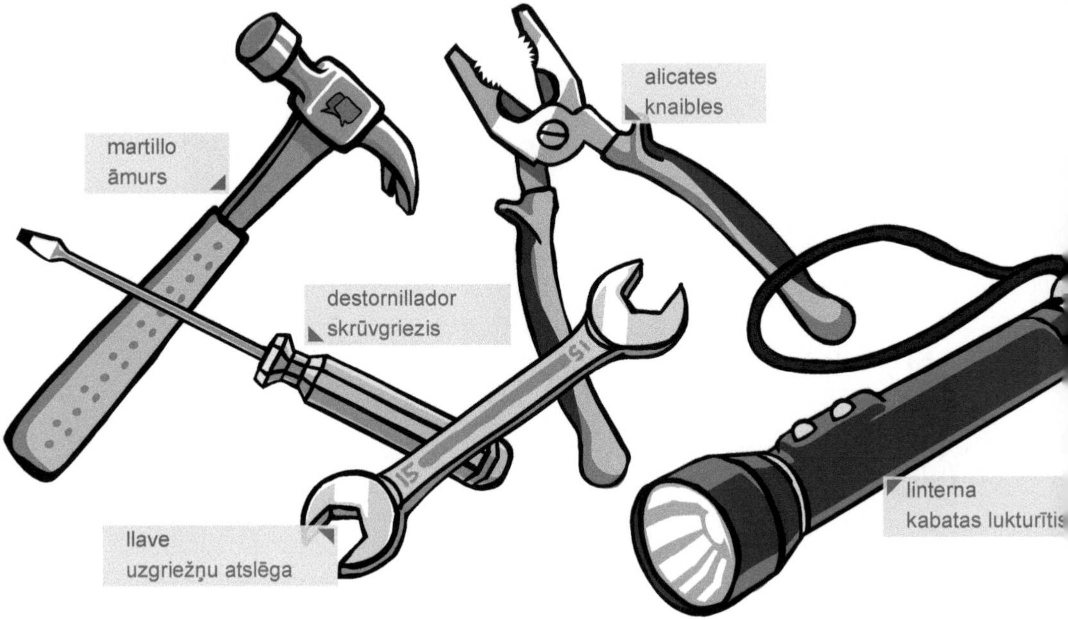
martillo
āmurs
alicates
knaibles
destornillador
skrūvgriezis
llave
uzgriežņu atslēga
linterna
kabatas lukturītis

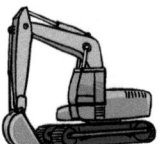

excavadora

ekskavators

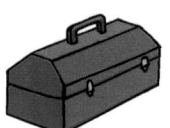

caja de herramientas

instrumentu kaste

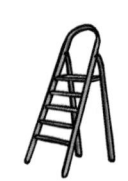

escalera de mano

kāpnes

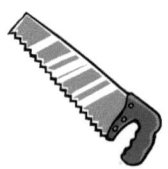

sierra

zāģis

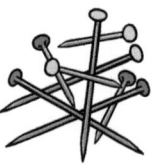

clavos

naglas

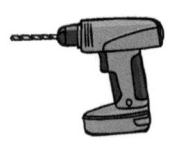

taladro

urbis

reparar

remontēt

pala

lāpsta

¡Maldita sea!

Velns!

recogedor

liekšķere

bote de pintura

krāsas bundža

tornillos

skrūves

instrumentos musicales
mūzikas instrumenti

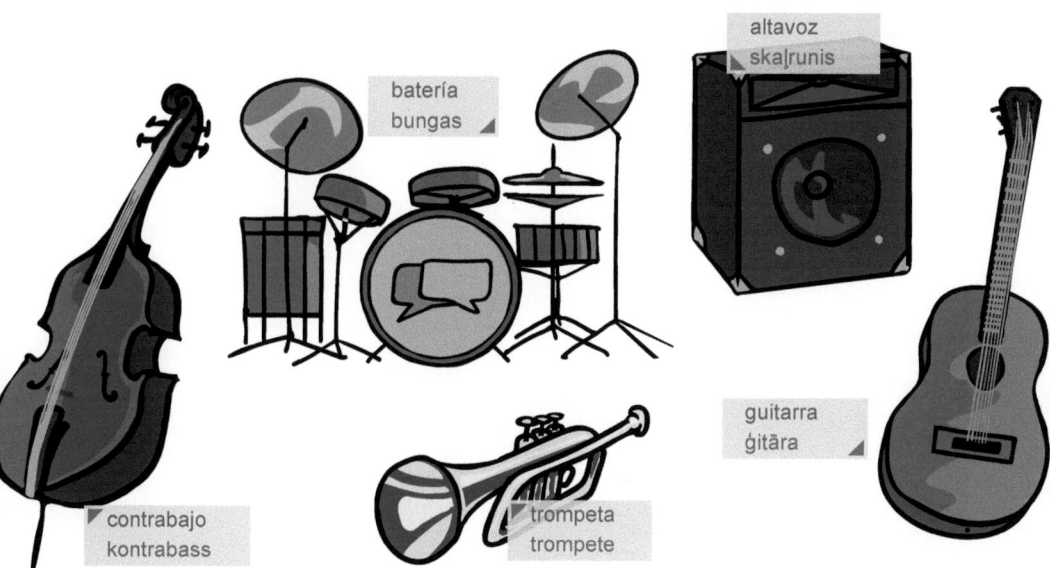

batería
bungas

altavoz
skaļrunis

contrabajo
kontrabass

trompeta
trompete

guitarra
ģitāra

piano

klavieres

violín

vijole

bajo

bass

timbales

timpāni

tambor

bungas

teclado

digitālās klavieres

saxofón

saksofons

flauta

flauta

micrófono

mikrofons

entrada
ieeja

tigre
tīģeris

jaula
būris

cebra
zebra

pienso
dzīvnieku barība

panda
panda

animales

dzīvnieki

elefante

zilonis

canguro

ķengurs

rinoceronte

degunradzis

gorila

gorilla

oso

lācis

camello

kamielis

avestruz

strauss

león

lauva

mono

pērtiķis

flamingo

flamings

loro

papagailis

oso polar

polārlācis

pingüino

pingvīns

tiburón

haizivs

pavo real

pāvs

serpiente

čūska

cocodrilo

krokodils

guardián de zoológico

zoodārza sargs

foca

ronis

jaguar

jaguārs

zoo - zooloģiskais dārzs

poni
ponijs

leopardo
leopards

hipopótamo
nīlzirgs

jirafa
žirafe

águila
ērglis

jabalí
meža cūka

pescado
zivs

tortuga
bruņurupucis

morsa
valzirgs

zorro
lapsa

gacela
gazele

fútbol americano
amerikāņu futbols

ciclismo
riteņbraukšana

tenis
teniss

baloncesto
basketbols

natación
peldēšana

boxeo
bokss

hockey sobre hielo
hokejs

fútbol
futbols

bádminton
badmintons

atletismo
vieglatlētika

balonmano
rokas bumba

esquí
slēpošana

polo
polo

saltar
lēkt

abrazar
apskaut

reír
smieties

caminar
iet

cantar
dziedāt

soñar
sapņot

rezar
lūgt

besar
skūpstīt

escribir

rakstīt

dibujar

zīmēt

mostrar

rādīt

empujar

spiest

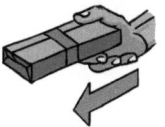

dar

dot

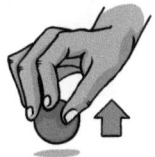

tomar

ņemt

tener
....
būt

hacer
....
darīt

ser
....
būt

estar de pie
....
stāvēt

correr
....
skriet

tirar
....
vilkt

tirar
....
mest

caer
....
krist

yacer
....
gulēt

esperar
....
gaidīt

llevar
....
nest

estar sentado
....
sēdēt

vestirse
....
uzģērbt

dormir
....
gulēt

despertar
....
pamosties

actividades - darbības

mirar
skatīties

llorar
raudāt

acariciar
glāstīt

peinar
ķemmēt

hablar
runāt

entender
saprast

preguntar
jautāt

escuchar
dzirdēt

beber
dzert

comer
ēst

ordenar
sakārtot

amar
mīlēt

cocinar
vārīt

conducir
braukt

volar
lidot

navegar

burot

calcular

rēķināt

leer

lasīt

aprender

mācīties

trabajar

strādāt

casarse

precēties

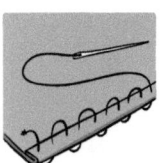

coser

šūt

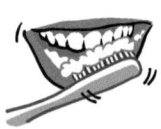

cepillarse los dientes

tīrīt zobus

matar

nogalināt

fumar

smēķēt

enviar

sūtīt

abuela
vecāmāte

abuelo
vectēvs

padre
tēvs

madre
māte

bebé
mazulis

hija
meita

hijo
dēls

invitado
viesis

tía
tante

tío
onkulis

hermano
brālis

hermana
māsa

cuerpo
ķermenis

frente
piere
ojo
acs
hombro
plecs
dedo
pirksts
cara
seja
barbilla
zods
mano
roka
pecho
krūtis
pierna
kāja
brazo
roka

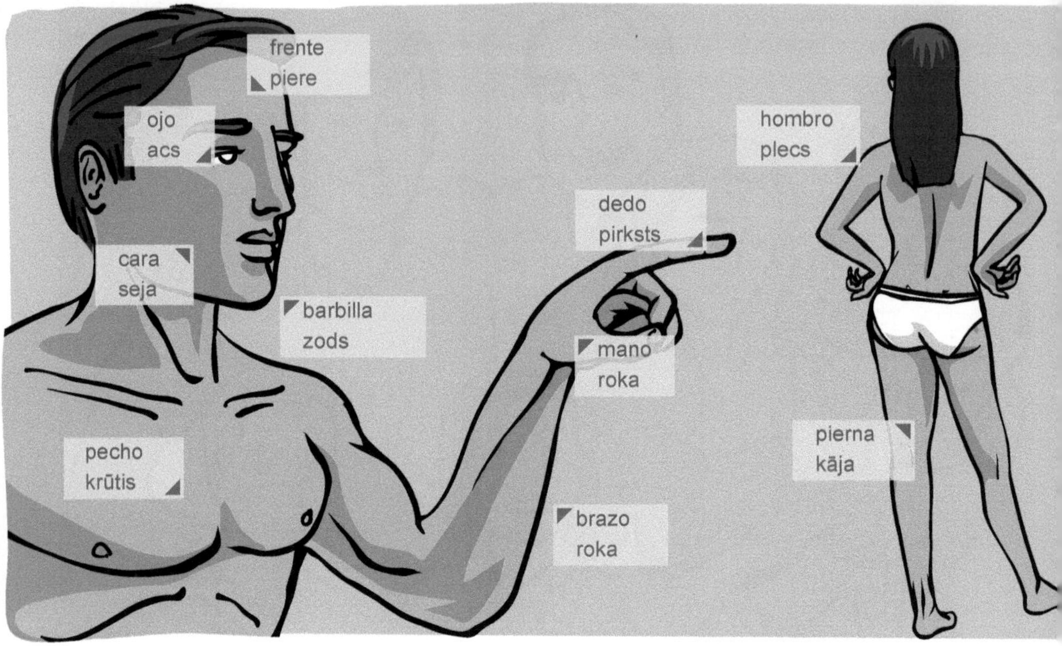

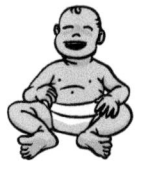

bebé
mazulis

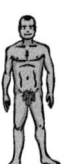

hombre
vīrietis

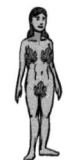

mujer
sieviete

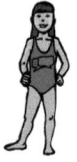

chica
meitene

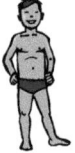

chico
zēns

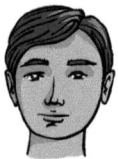

cabeza
galva

espalda

mugura

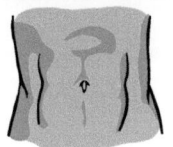

vientre

vēders

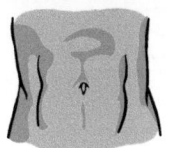

ombligo

naba

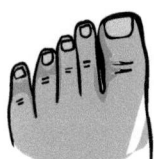

dedo del pie

kājas pirksts

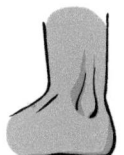

talón

papēdis

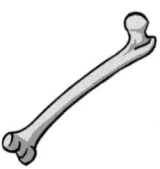

hueso

kauls

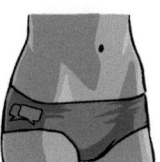

cadera

gurns

rodilla

celis

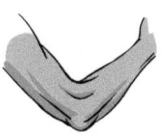

codo

elkonis

nariz

deguns

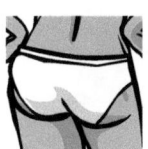

trasero

dibens

piel

āda

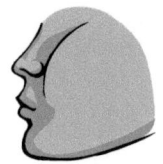

mejilla

vaigs

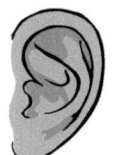

oído

auss

labio

lūpa

boca
mute

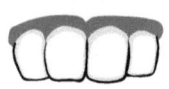

diente
zobs

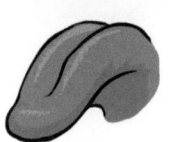

lengua
mēle

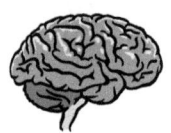

cerebro
smadzenes

corazón
sirds

músculo
muskulis

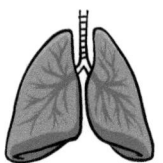

pulmón
plaušas

hígado
aknas

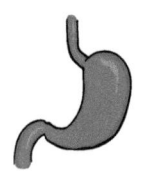

estómago
kuņģis

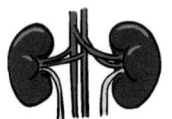

riñones
nieres

sexo
dzimumakts

condón
kondoms

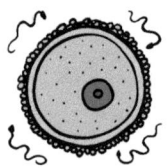

ovario
olšūna

semen
sperma

embarazo
grūtniecība

cuerpo - ķermenis

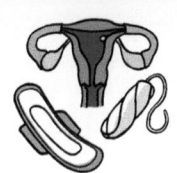

menstruación

menstruācijas

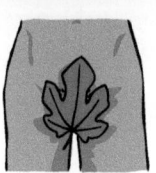

vagina

vagīna

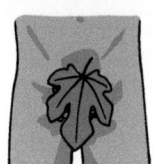

pene

penis

ceja

uzacs

pelo

mati

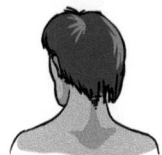

cuello

kakls

hospital
slimnīca

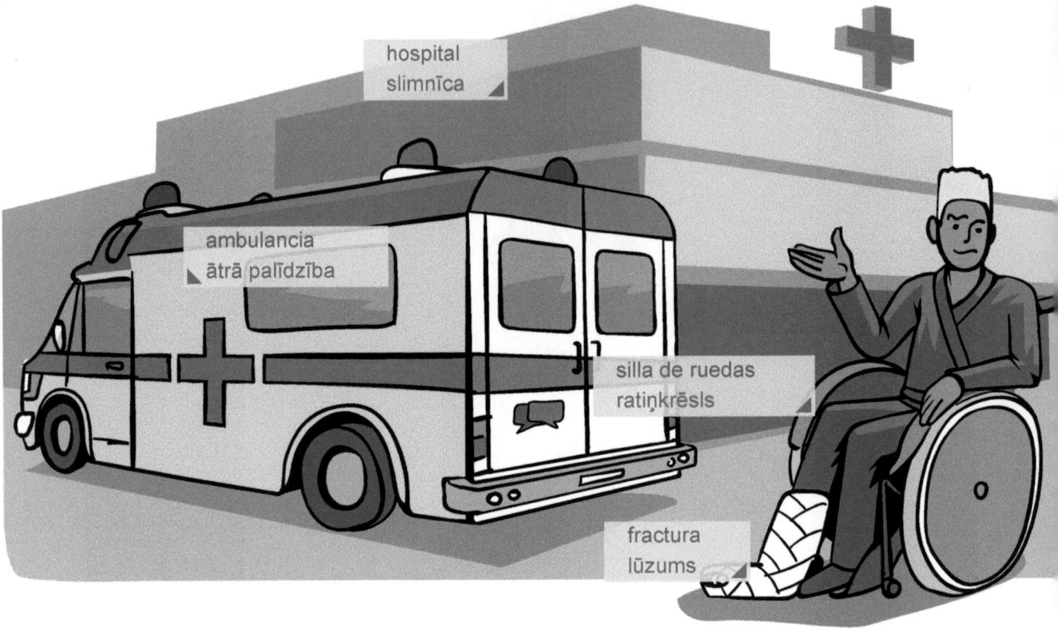

hospital
slimnīca
ambulancia
ātrā palīdzība
silla de ruedas
ratiņkrēsls
fractura
lūzums

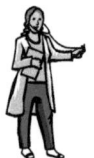

médico

ārsts

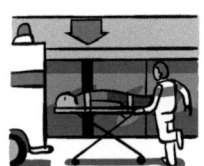

sala de urgencias

neatliekamās palīdzības nodaļa

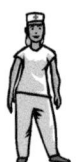

enfermera

medmāsa

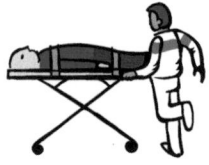

urgencia

ārkārtas gadījums

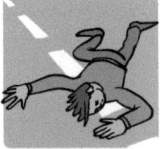

inconsciente

paģībis

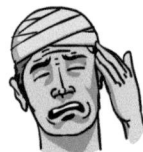

dolor

sāpes

lesión

ievainojums

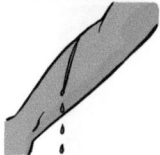

hemorragia

asiņošana

infarto

sirdslēkme

ictus

insults

alergia

alerģija

tos

klepus

fiebre

temperatūra

gripe

gripa

diarrea

caureja

dolor de cabeza

galvassāpes

cáncer

vēzis

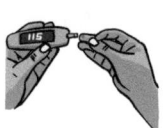

diabetes

diabēts

cirujano

ķirurgs

bisturí

skalpelis

operación

operācija

TAC

datortomogrāfija

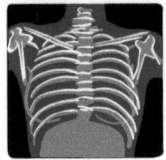

rayos x

rentgents

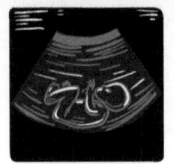

ultrasonido

ultraskaņa

mascarilla

sejas maska

enfermedad

slimība

sala de espera

uzgaidāmā telpa

muleta

kruķis

tirita

plāksteris

venda

apsējs

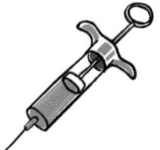

inyección

injekcija

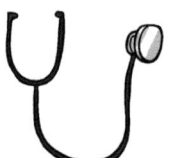

estetoscopio

stetoskops

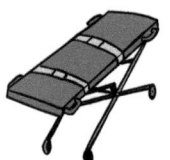

camilla

nestuves

termómetro

termometrs

nacimiento

dzemdības

sobrepeso

liekais svars

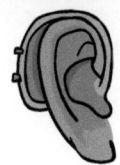

audífono

dzirdes aparāts

desinfectante

dezinfekcijas līdzeklis

infección

infekcija

virus

vīruss

VIH / SIDA

HIV / AIDS

medicina

zāles

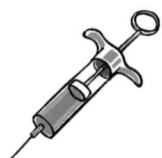

vacunación

pote

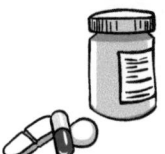

tabletas

tabletes

pastilla

pretapauglošanās tablete

llamada de urgencia

ārkārtas izsaukums

tensiómetro

asinsspiediena mērītājs

enfermo / sano

slims / vesels

¡Socorro!

Palīgā!

alarma

trauksme

asalto

uzbrukums

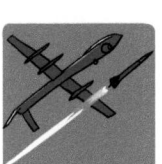

ataque

uzbrukums

peligro

bīstamība

salida de emergencia

avārijas izeja

¡Fuego!

Uguns!

extintor de incendios

ugunsdzēšamais aparāts

accidente

negadījums

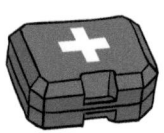

botiquín de primeros auxilios

pirmās palīdzības aptieciņa

SOS

SOS

policía

policija

Europa

Eiropa

Norteamérica

Ziemeļamerika

Sudamérica

Dienvidamerika

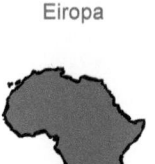

África

Āfrika

Asia

Āzija

Australia

Austrālija

Atlántico

Atlantijas okeāns

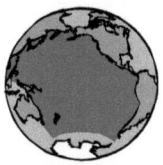

Pacífico

Klusais okeāns

Océano Índico

Indijas okeāns

Océano Antártico

Dienvidu okeāns

Océano Ártico

Ziemeļu ledus okeāns

polo norte

Ziemeļpols

polo sur

Dienvidpols

Antártida

Antarktika

tierra

zeme

tierra

zeme

mar

jūra

isla

sala

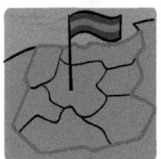

nación

nācija

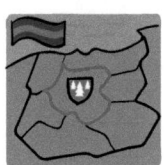

estado

valsts

esfera

ciparnīca

manecilla de las horas

stundu rādītājs

minutero

minūšu rādītājs

segundero

sekunžu rādītājs

¿Qué hora es?

Cik ir pulkstenis?

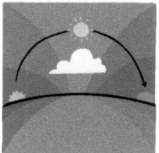

día

diena

tiempo

laiks

ahora

tagad

reloj digital

digitālais pulkstenis

minuto

minūte

hora

stunda

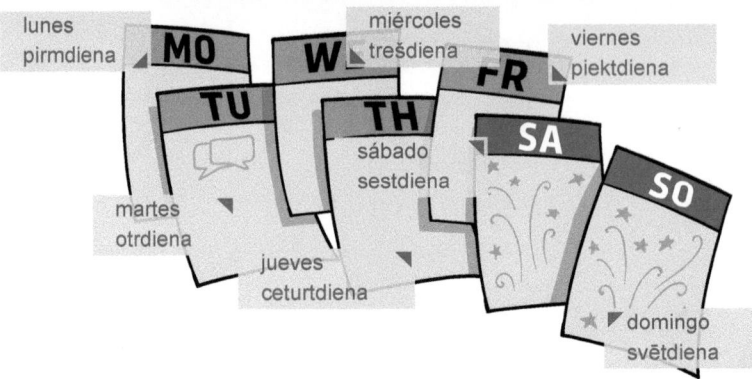

lunes
pirmdiena

MO

TU

martes
otrdiena

W

miércoles
trešdiena

TH

jueves
ceturtdiena

FR

viernes
piektdiena

sábado
sestdiena

SA

SO

domingo
svētdiena

ayer

vakardien

hoy

šodien

mañana

rītdien

mañana

rīts

mediodía

pusdienlaiks

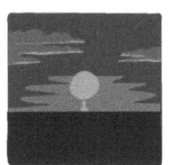

tarde

vakars

MO	TU	WE	TH	FR	SA	SU
1	2	3	4	5	6	7
8	9	10	11	12	13	14
15	16	17	18	19	20	21
22	23	24	25	26	27	28
29	30	31	1	2	3	4

días laborables

darbadienas

MO	TU	WE	TH	FR	SA	SU
1	2	3	4	5	6	7
8	9	10	11	12	13	14
15	16	17	18	19	20	21
22	23	24	25	26	27	28
29	30	31	1	2	3	4

fin de semana

brīvdienas

año
gads

lluvia
lietus
arcoíris
varavīksne
nieve
sniegs
viento
vējš
primavera
pavasaris
otoño
rudens
verano
vasara
invierno
ziema

4.APRIL 11°
5.APRIL 4°
6.APRIL 13°
7.APRIL 8°
8.APRIL 10°

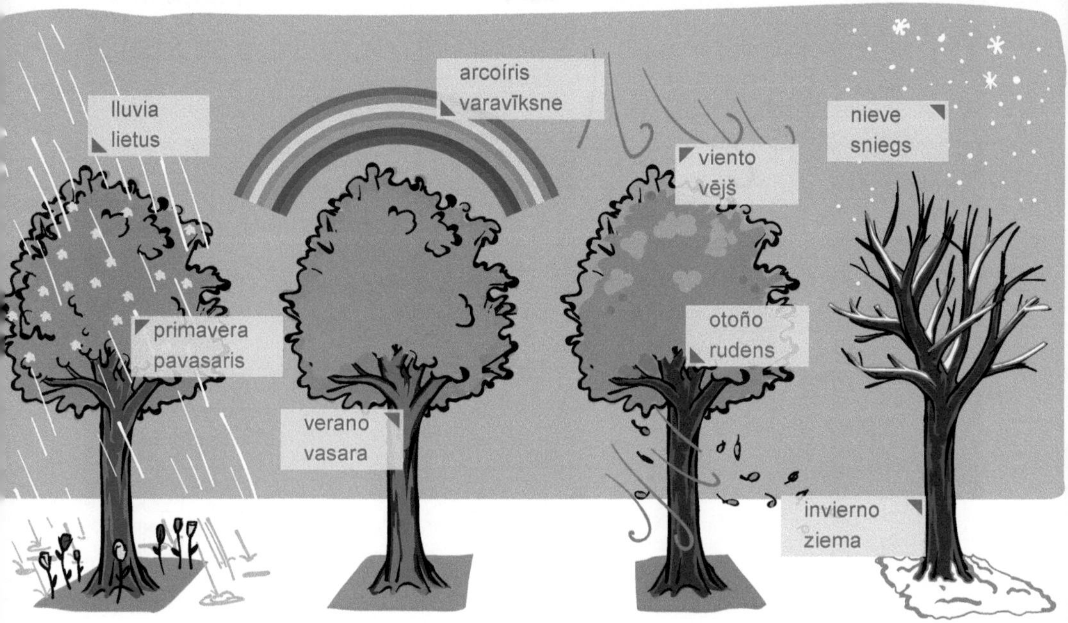

pronóstico del tiempo

laika prognoze

F C
120 40
90 30
60 20
30 10
0 0
-30 -10
-20

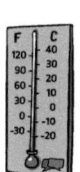

termómetro

termometrs

sol

saules gaisma

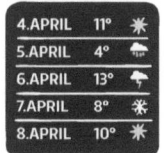

nube

mākonis

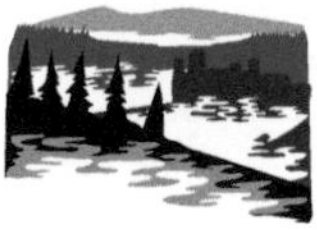

niebla

migla

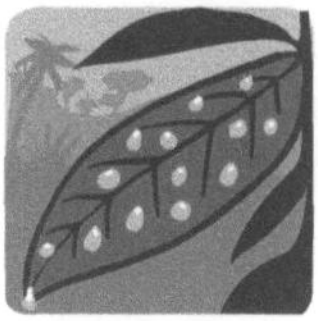

humedad

gaisa mitrums

rayo

zibens

trueno

pērkons

tormenta

vētra

granizo

krusa

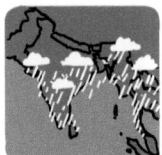

monzón

musons

inundación

plūdi

hielo

ledus

enero

janvāris

febrero

februāris

marzo

marts

abril

aprīlis

mayo

maijs

junio

jūnijs

julio

jūlijs

agosto

augusts

año - gads

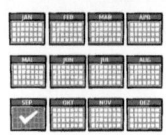

septiembre

septembris

octubre

oktobris

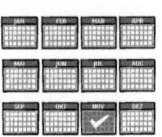

noviembre

novembris

diciembre

decembris

formas

formas

círculo

aplis

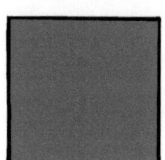

cuadrado

kvadrāts

rectángulo

četrstūris

triángulo

trīsstūris

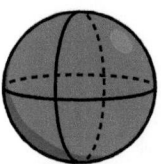

esfera

lode

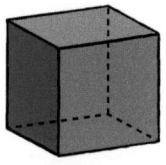

cubo

kubs

blanco

balts

amarillo

dzeltens

anaranjado

oranžs

rosa

sārts

rojo

sarkans

morado

lillā

azul

zils

verde

zaļš

marrón

brūns

gris

pelēks

negro

melns

mucho / poco

daudz / maz

enojado / tranquilo

saniknots / miermīlīgs

bonito / feo

skaists / neglīts

principio / fin

sākums / beigas

grande / pequeño

liels / mazs

claro / oscuro

gaišs / tumšs

hermano / hermana

brālis / māsa

limpio / sucio

tīrs / netīrs

completo / incompleto

pilnīgs / nepilnīgs

día / noche

diena / nakts

muerto / vivo

miris / dzīvs

ancho / estrecho

plats / šaurs

comestible / no comestible

baudāms / nebaudāms

malo / amable

nikns / laipns

entusiasmado / aburrido

satraukts / garlaikots

gordo / delgado

resns / tievs

primero / último

pirmais /pēdējais

amigo / enemigo

draugs / ienaidnieks

lleno / vacío

pilns / tukšs

duro / blando

ciets / mīksts

pesado / ligero

smags / viegls

hambre / sed

izsalkums / slāpes

enfermo / sano

slims / vesels

ilegal / legal

nelegāls / legāls

inteligente / tonto

inteliģents / dumjš

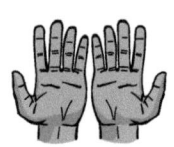

izquierda / derecha

kreisais / labais

cerca / lejos

tuvu / tālu

nuevo / usado

jauns / lietots

nada / algo

nekas / kaut kas

viejo / joven

vecs / jauns

encendido / apagado

ieslēgts / izslēgts

abierto / cerrado

atvērts / slēgts

silencioso / ruidoso

kluss / skaļš

rico / pobre

bagāts / nabags

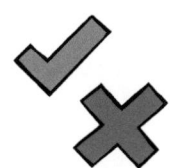

correcto / incorrecto

pareizi / nepareizi

áspero / suave

raupjš / gluds

triste / contento

noskumis / laimīgs

corto / largo

īss / garš

lento / rápido

lēns / ātrs

húmedo / seco

slapjš / sauss

cálido / frío

silts / vēss

guerra / paz

karš / miers

0

cero

nulle

1

uno

viens

2

dos

divi

3

tres

trīs

4

cuatro

četri

5

cinco

pieci

6

seis

seši

7

siete

septiņi

8

ocho

astoņi

9

nueve

deviņi

10

diez

desmit

11

once

vienpadsmit

12	**13**	**14**
doce	trece	catorce
divpadsmit	trīspadsmit	četrpadsmit

15	**16**	**17**
quince	dieciséis	diecisiete
piecpadsmit	sešpadsmit	septiņpadsmit

18	**19**	**20**
dieciocho	diecinueve	veinte
astoņpadsmit	deviņpadsmit	divdesmit

100	**1.000**	**1.000.000**
cien	mil	millón
simts	tūkstotis	miljons

números - skaitļi

inglés

anglu

inglés americano

amerikāņu angļu

chino mandarín

ķīniešu mandarīnu valoda

hindi

hindi

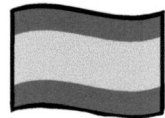

español

spāņu

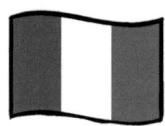

francés

frančuu

árabe

arābu

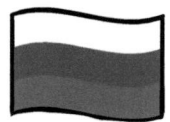

ruso

krievu

portugués

portugāļu

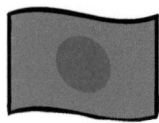

bengalí

bengāļu

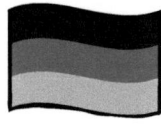

alemán

vācu

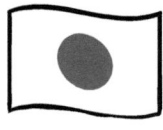

japonés

japāņu

yo

es

tú

tu

él / ella / ello

viņš / viņa

nosotros/as

mēs

vosotros/as

jūs

ellos/as

viņi / viņas

¿quién?

kas?

¿qué?

ko?

¿cómo?

kā?

¿dónde?

kur?

¿cuándo?

kad?

nombre

vārds

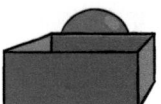

detrás

aiz

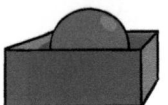

en

iekšā

delante de

priekšā

por encima de

virs

sobre

uz

debajo de

zem

junto a

blakus

entre

starp

lugar

vieta